WAS PASSIERT MIT UNSEREM DEUTSCHLAND?

Endlich Klartext zu Corona!

Jörg Bucher
Maria Richter

SelfPublishing

INHALT

WAS PASSIERT AKTUELL IN DEUTSCHLAND?

Oder was ist mit der deutschen Bevölkerung los? Diese Fragen muss man sich gerade im Hinblick auf das aktuelle Virus X als Infektion stellen. Ist die Bevölkerung wirklich so blind, um nicht erkennen zu können, was da gerade passiert in Deutschland? Oder möchte man es nicht sehen? Das es um Deutschland nicht gut bestellt ist, hat sich dieses Jahr schon einmal gezeigt. Als eine rechtmäßige und demokratische Wahl von einem Ministerpräsidenten in Thüringen, mal eben aus dem Bundeskanzleramt für nichtig erklärt wurde. Und so lange Druck auf den neuen Amtsinhaber ausgeübt wurde, dass er binnen 24 Stunden schon wieder seinen Rücktritt eingereicht hat. Scheinbar hat er den Eliten und den Machthabern unserer Politik nicht gefallen. Doch wesentlich gravierender ist der Vorgang mit der neuen Infektion. Seit Monaten nimmt diese Infektion und vor allem auch die Politik, die deutsche Gesellschaft in Geiselhaft. In der Geschichte der Bundesrepublik Deutschland gab es noch keine Phase, in der die Rechte der Bürger so eingeschränkt worden sind, wie es heute der Fall ist. Ob Versammlungsfreiheit, die Bewegungsfreiheit, aber auch die Berufsfreiheit und das Recht der Selbstbestimmung, sind nur einige der Rechte, die uns genommen worden sind. Die Politik erklärt dazu, dass dieses nur dem Wohle der Bevölkerung dienen soll. Doch das kann man bezweifeln. Sicherlich werden manche Leser denken, oh je, wieder ein Buch von einem Spinner, der an jeder Ecke eine geheime Macht und Machenschaften sieht. Doch dem ist nicht so. Ich sehe mich als einen nachdenklichen und kritischen Bürger, der nicht einfach alles zur Kenntnis nimmt und der Politik Beifall spendet. Und gerade im Hinblick auf diese Infektion, stellen sich einfach eine Vielzahl an Fragen. Fragen zu Sachverhalten, wo es viele Widersprüche gibt. Widersprüche die man als Bürger in einer freien Gesellschaft, nicht einfach akzeptieren kann. Das gilt gerade dann, wenn es um die Einschränkung unserer Freiheitsrechte geht. Ja, ich mache mir Sorgen um unser Land, um Deutschland.

WIE ES DAZU KAM

Doch fangen wir von vorne an. Wir schreiben das Jahr 2020, das Jahr ist erst wenige Tage alt, da konnte man in den Nachrichten erste Meldungen hören und lesen, wo von einem Ausbruch von einem Virus in China, die Rede ist. Sicherlich haben sich nur wenige Menschen dabei etwas gedacht. Schließlich ist China weit weg und eine Infektion, die kann man halt nicht sehen, man kann sie nicht greifen. Mit der Zeit war mehr und mehr die Rede, dass sich die Infektion in der Welt ausbreiten würde, so auch in Deutschland. Die Politik erklärte lange Zeit, man hätte alles im Griff. Und die Bevölkerung müsste sich hinsichtlich der neuen Infektion keine Sorgen machen. Dass ein fataler Irrtum oder vielmehr, die bewusste Unwahrheit gegenüber der Bevölkerung war, zeigte sich erst später. Eine Sondersendung hat nämlich schnell die nächste Sondersendung gejagt, und stetig war das mit zunehmenden Horrormeldungen verbunden. Von Menschen, die nicht mehr behandelt werden können und qualvoll sterben, da sie keine Luft mehr bekommen würden. Für die deutsche Politik war das der Anlass, umfangreiche Beschränkungen zu beschließen. Von den ersten Aussagen der Politik man hätte alles im Griff, war jetzt keine Rede mehr. Stattdessen wurde zunehmend geäußert, diese Beschränkungen sollen hierbei nur einem Grundsatz dienen: Nämlich der Beschränkung der Ausbreitung der Infektion. Schließlich wäre das Virus X als Infektion neu, man wisse kaum etwas zum Schweregrad, zur Verbreitung und vor allem zur Behandlung. Und dementsprechend gibt es auch keine Medikamente und Impfungen. Von der Bundesregierung wurde hierbei erklärt, man könnte die Beschränkungen erst dann wieder aufheben, wenn sich die sogenannte Reproduktionsrate reduzieren würde. Unter der Reproduktionsrate versteht man hierbei den Zeitraum, in dem sich die Infektionszahlen verdoppeln. Laut der Politik ist eine Verringerung der Reproduktionsrate notwendig, da die Infektion zu schweren Krankheitsverläufen führen kann. Und das würde unser Gesundheitssystem schnell überfordern. Mit diesem Ziel der Reduzierung der Reproduktionszahl, wurde der deutschen Bevölkerung der Stillstand aufgezwungen. Was einen hierbei wirklich erschrecken kann, aber auch nachdenklich machen sollte, sind die hohen Zustimmungswerte für diese Politik. Scheinbar braucht man der Bevölkerung, nur mit einer neuen Infektion und Begriffen wie Krankheit und Tod zu kommen und schon, macht die Bevölkerung alles mit und akzeptiert massive Einschränkungen in ihren Bürgerrechten. Dass das so ist, kann man an den Umfragen im Internet erkennen. Die politischen Parteien die an der Macht und damit Urheber dieser Freiheitsbeschränkungen sind, erfreuen sich einer großen Beliebtheit.

DIE ROLLE DER BUNDESREGIE-RUNG UND DES LANDESREGIE-RUNGEN

Die Bundesregierung ist während der Infektion, die schnell als Pandemie bezeichnet wurde, das A und O. Hohe Zustimmungswerte und eine Bundeskanzlerin und ein Gesundheitsminister, die Tag für Tag in den Medien vertreten war. Und hierbei stetig die Rahmenbedingungen verändert hat. So wurde zum Beispiel die Zahl der Reproduktionsrate mehrfach geändert. So wurden die Zeiträume nämlich immer größer. Was zur Folge hatte, dass die Maßnahmen der Beschränkungen stetig verlängert wurden. Auch weil immer wieder erklärt wurde, es muss eine Zeit von 14 Tagen vergehen. Diese 14 Tage Zeit braucht es, bis es sichtbar wird, ob es zu einer Infektion gekommen ist oder nicht. Das ist doch erstaunlich, oder? Gerade im Hinblick das man immer wieder hört, wie wenig man doch angeblich über diese Infektion wissen würde. Scheinbar weiß man gar nichts, aber dass es mindestens 14 Tage dauern würde, bis man eine Infektion erkennen kann, das weiß man dann letztlich sehr genau. Das ist aber nur eine der Merkwürdigkeiten, die man im Zusammenhang mit der neuen Infektion feststellen konnte. Doch man muss sich auch die Frage stellen, was soll der ganze Unfug? Selbst wenn man dieser Infektion eine Gefährlichkeit unterstellen würde, so muss man schon Fragen, warum sich eine Bundesregierung anmaßt, der Bevölkerung Beschränkungen aufzuerlegen? Schließlich hat die Bundesregierung gemäß Gesetz, während der Infektion überhaupt gar keine Befugnisse. Das Infektionssschutzrecht ist eine Ländersache. Das bedeutet, dieses Recht und insbesondere die Ausgestaltung und Ausübung obliegt hier ausschließlich den jeweiligen Bundesländern. Und das ist ein Fakt, den man einfach durch einen Blick in die Infektionsschutzgesetze der Bundesländer erkennen kann. Die Bundesregierung hat nur dann das Sagen über die Bundesländer, wenn es sich um einen Verteidigungsfall handelt. Und unter einem Verteidigungsfall fällt nichts anderes, als ein Krieg. Katastrophen und Infektionen sind Ländersache. Das führt uns natürlich zu der Frage: Warum lassen das die Landesregierungen der Bundesländer mit sich machen? Warum lassen sie sich wie kleine Kinder von der Bundesregierung behandeln, als hätten sie überhaupt gar nichts zu sagen? Als Bürger muss man sich da schon auch mal die Frage stellen, warum wählen wir überhaupt einen Landtag und eine Landesregierung? Insbesondere wenn am Ende alles in Berlin von einer Bundesregierung entschieden wird. Hier könnte man viel von unserem Steuergeld einsparen. Notwendig scheinen ja die Landtage und die Landesregierungen nicht zu sein, wenn sie gerade im angeblichen Krisenfall nichts zu melden haben. Vereinzelt haben auch Medien diesen Umstand festgestellt und kritische Fragen gestellt. Die Antwort der Bundesregierung kam prompt, nämlich das man eine Einheitlichkeit in Deutschland haben möchte. Doch gerade das ist überhaupt gar nicht notwendig.

Das Verhalten der Landesregierungen ist aus verschiedenen Gründen unerklärlich, nicht nur im Hinblick auf die Rechtslage. Sondern auch wenn man sich mal die angeblichen Infektionszahlen mal genauer anschaut. Gerade im Norden in Deutschland, aber auch in den östlichen Bundesländern, gibt es kaum oder nur geringe Infektionszahlen. Trotzdem wurde aber ein Stillstand für das ganze Land verhängt. Obwohl hierbei schon von Anfang klar war, dass mit diesem Stillstand es zu massiven Schäden kommt. Sowohl zu gesundheitlichen, aber auch zu finanziellen Schäden. Ein Stillstand im ganzen Land ist daher überhaupt gar nicht notwendig und auch nicht nachvollziehbar. Warum soll man etwas schließen, wenn es keine oder kaum Infektionszahlen gibt? Und das ist beachtlich, schwört doch jede Landesregierung mit ihrem Amtseid, nur zum Wohle des Volkes zu handeln. Doch davon kann hier überhaupt gar keine Rede sein. Was ist daher die Motivation der Landesregierungen, sich so von der Bundesregierung behandeln zu lassen? Geht es hier um Geld oder dient diese Infektion, in Wahrheit einem ganz anderen Ziel. Nämlich dem Umbau der deutschen Bevölkerung? Und die Landesregierungen der Bundesländer spielen dieses Spiel mit. Einen Umbau den die Bevölkerung ohne Widerstand in normalen Zeiten so niemals akzeptieren würde? Warum wird zum Beispiel unsere Wirtschaft so geschädigt? Soll hier eine neue Wirtschaft geschaffen werden? Oder man könnte auch zu einem anderen Ergebnis kommen, nämlich das hier bestimmte Personen nach der Weltherrschaft greifen. Man denke hier nur an Bill Gates, den ehemaligen Gründer von Microsoft. Mit Computer und Co. Hat dieser Herr mittlerweile nicht mehr viel zu tun. Dafür aber in anderen Bereichen, wie zum Beispiel mit Impfstoffen. Und Gates ist hier kein Einzelfall, so gibt es hier auch andere Reiche, wie einen deutschen Gründer von einem Software-Konzern, der mittlerweile ebenfalls in Impfstoffen investiert und Inhaber einer entsprechenden Firma ist. Wer hier ein Impfstoff gegen die Infektion entwickelt, der kann hier nicht nur über Nacht unendliche Mengen an Geld verdienen. Sondern würde auch Staaten erpressbar machen. Schließlich möchte natürlich die Bevölkerung einen Impfstoff haben, hat man deren doch lange genug jetzt eingeredet, wie gefährlich diese Infektion doch sei. Wobei gerade beim Herrn Gates es noch einen interessanten Fakt im Zusammenhang mit Impfstoffen gibt. Herr Gates besitzt nämlich nicht nur Firmen für Forschung und Herstellung von Medikamenten und Impfstoffen, sondern hat auch diverse Patente, unter anderem auch passend zu dieser Infektion. Und das muss man sich mal überlegen, man spricht immer von einer neuen, einer unbekannten Infektion. Doch ausgerechnet Herr Gates scheint hier schon längst passende Patente für einen Impfstoff in der Schublade zu haben. Das ist doch mal ein Zufall, oder nicht?!

Und in Deutschland geht man gerade in Sachen Impfstoff noch einen Schritt weiter. So denkt man im Bundesgesundheitsministerium ernsthaft darüber nach, eine Impfpflicht einzuführen, die von jedem in der Bevölkerung erfüllt werden muss. Impflichtpflichten sind in Deutschland ja keine Seltenheit. Erst Monate zuvor, wurde zum Beispiel auch eine Zwangsimpfung gegen Masern eingeführt. Wem das nützt, dahinter kann man auch wieder ein großes Fragezeichen machen. Diese neue Impfpflicht soll hierbei so ausgestaltet werden, dass diese mit einem Ausweis versehen werden soll. Wer der Impfpflicht nachkommt, der bekommt einen Ausweis und hat damit mehr Freiheitsrechte. Und das ist doch bemerkenswert. Wie kann man ernsthaft auch nur im Ansatz darüber nachdenken, eine Impfpflicht an Freiheitsrechte zu knüpfen? Defacto würde das sowohl das Grundgesetz, aber auch die Landesverfassungen der Bundesländer, zukünftig überflüssig machen. Eine Impfpflicht ist natürlich aber auch ein Segen für die Menschen, die den Impfstoff entwickeln und ihn vertreiben. Wer hier den Impfstoff im Besitz hat, der hat durch eine solche Pflicht die Lizenz zum Geld drucken. Die Bevölkerung wird nicht nur wegen den bewusst erzeugten Ängsten der Impfpflicht nachkommen, sondern gerade, wenn die Impfpflicht mit Freiheitsrechten verbunden wird, wird jeder Bürger zwangsläufig der Pflicht nachkommen. Da natürlich jeder Bürger keine Einschränkungen seiner Freiheitsrechte haben möchte. Die Diskussion einer Impfpflicht ist aber auch schräg und zugleich auch ein Widerspruch. Wie kann man ernsthaft über eine Pflicht zu einer angeblich gefährlichen Infektion diskutieren, wenn auf der anderen Seite, angeblich nur wenig über die Infektion bekannt ist. Auch scheinen sich gewisse Superreiche und die Politik, ja schon sehr sicher zu sein, dass es einen passenden Impfstoff gibt. Das ist gerade dahingehend beachtlich, wenn man bedenkt, dass es heute zahlreiche Krankheiten gibt, gegen die es keine wirksamen Impfstoffe oder Medikamente gibt. Man denke hier nur mal an eine Vielzahl an Krebserkrankungen oder an bestimmte Infektionserkrankungen. Hier hat man auch nach Jahrzehnten der Forschung, noch keine oder kaum wirksame Medikamente und Impfstoffe gefunden. Doch bei dieser neuen Infektion, scheint man sich sehr sicher zu sein, dass man einen Impfstoff haben wird. Für das Argument der Weltherrschaft oder einer neuen Weltordnung würde auch sprechen, dass sich diese Infektion nicht nur auf Deutschland beschränkt. Vielmehr ist die ganze Welt, in einem unterschiedlich starken Ausmaß betroffen.

Gerade die Infektion zeigt aber auch erschreckende Verbindungen, zu anderen Entwicklungen in den vergangenen Jahren. Man denke hier nur an das neue Öl, wie oft der Umgang mit unseren Daten bezeichnet wird. Wer heute Daten besitzt, der hat die Macht. Kann man doch anhand der Daten der Bürger, heute vieles nachvollziehen. Ob Lebensverhältnisse, Einstellungen, Einkaufsverhalten oder aber auch höchst private Daten, wie zum Vermögen. Gerade bei den Daten, haben wir schon heute eine unkontrollierte Weltherrschaft durch Superreiche, denen die bekannten Portale im Internet gehören. Man denke doch nur mal an das Smartphone. Wer sich heute ein Smartphone kauft, der kann dieses nicht mehr betreiben, ohne dass man sich irgendwo auf einem Portal mit einem Kundenkonto registrieren muss. Das man dadurch aber auch sein Recht auf seine Daten abgibt, wird nicht überraschen. Schließlich können die Betreiber darüber dann genau erkennen, was man so treibt im Internet. Das man heute schon von einer Wirtschaftselite überwacht wird, kann man auch immer wieder beim surfen im Internet feststellen. Wer heute Internetseiten mit Werbung besucht, der wird überrascht sein. Nämlich über die Art der Werbung, die hier dann angezeigt wird. Meist handelt es sich dann nämlich genau um solche Werbung, die passend zu Suchbegriffen ist, die man vorher gesucht hat. Oder zu Internetseiten die man vorher sich angesehen hat. Und das sind doch erstaunliche Verbindungen, die man auch zu dieser Infektion ziehen kann. Durch die Impfpflicht hat man nämlich wieder ein Stück mehr Kontrolle über den Bürger, als vorher. Schließlich könnte man im nächsten Schritt sogar noch weitergehen bei der Impfpflicht. Nämlich dann, wenn man den Erhalt vom Impfstoff an bestimmte Auflagen gegenüber dem Bürger verbinden würde. Mit einem solchen Instrument könnte man sogar die volle Kontrolle über einen Bürger bekommen. Das die Politik hier so den Superreichen hilft, mag nicht verwundern. Man muss sich doch nur mal ansehen, wo unsere Spitzenpolitiker nach ihrer Politik-Karriere landen. Meist landen sie in der Privatwirtschaft in bekannten Unternehmen, für viel Geld und mit flachen Berufsbeschreibungen wie Berater. Oder in Aufsichtsräten mit hohen Vergütungen, die kein normaler Arbeitnehmer in seinem Arbeitsleben verdienen kann. Das es hier zweifelhafte Verbindungen gibt, kann man nicht abstreiten, wenn man sich die Verflechtungen anschaut. Und man wird kein Hellseher sein müssen, um zu der Einschätzung zu kommen, dass das alles erst der Anfang ist. Freiheit und Demokratie wie wir sie kennen, wird es in der Zukunft nicht mehr geben. Es wird mal der Zeitpunkt kommen, in denen ein Chip für die vollständige Kontrolle sorgen wird. Dieser wird einfach den Menschen, sei es bewusst oder un-bewusst eingepflanzt. Möglichkeiten dazu würde es genug geben, so zum Beispiel schon bei der Geburt. Ein Chip mit dem die Regierung, aber auch be-stimmte Superreiche einer neuen Weltordnung, uns auf Schritt und Tritt verfolgen können. Sei es wo wir uns bewegen oder wie es uns gerade geht. Kame-ras als öffentliche Überwachung, die ja in Deutsch-land stark auf dem Vormarsch ist, wird es dann nicht mehr brauchen.

GAB ES SCHON EINE VORSTUFE UND WIRD DIE WIRTSCHAFT BEWUSST ZERSTÖRT?

Gerade im Hinblick auf die neue Infektion stellt sich die Frage, war das der erste Versuch der Superreichen, eine neue Weltordnung zu schaffen? Ich glaube das wird man verneinen können. Man denke hierbei nur an die Chemtrails, die man immer wieder am Himmel durch ihre weißen Streifen erkennen kann. Überall auf der Welt gibt es Bilder davon. Wie mittlerweile bewiesen ist und man im Internet auch nachlesen kann, wird hier künstlich Aluminium und andere Chemikalien in die Umwelt geblasen. Einzig und allein mit dem Ziel, uns als

Bürger krank zu machen um uns dann, darüber kontrollieren zu können. Damit am Ende, bestimmte Superreiche ihre großartigen Medikamente verkaufen können. Vielleicht war man aber mit den Ergebnissen der Chemtrails nicht zufrieden oder es war nur die Testphase und jetzt, mit der neuen Infektion kommt das Meisterstück? Vielleicht waren die finanziellen Erträge, durch die Krankheiten auf Chemtrails nicht mehr ausreichend. Was überrascht, schließlich nehmen doch gerade seit Jahren verschiedene Krankheiten, wie zum Beispiel Krebs, sprunghaft zu. Da es hier zwischen diesen sprunghaften Anstiegen und Chemtrails keinen Zusammenhang gibt, ist nicht glaubhaft. Natürlich verwundert es nicht, dass die Politik, aber auch die Wissenschaft seit Jahren die Existenz der Chemtrails am Himmel abstreiten. Und stattdessen zum Beispiel von Kondensstreifen sprechen. Doch das ist absurd, woher sollen diese kommen und vor allem, wie sollen diese entstehen. Das möchte die Politik und die Wissenschaft dann auch nicht beantworten. Zumal man erkennen kann, dazu muss man sich nur die Bilder mal im Internet ansehen, wie unterschiedlich ausgeprägt in der Stärke, Chemtrails in ihrer Erscheinung sein können.

Sicherlich gibt es aber auch Menschen, die nicht an eine neue Weltordnung oder an Superreiche glauben, die für die neue Infektion verantwortlich sind. Sondern vielmehr hier die Schuld bei Regierungen sehen. Das ist natürlich eine Vermutung, die man sich ruhig mal genauer ansehen sollte. Was könnte das Ziel einer anderen Regierung sein, Deutschland zum Beispiel zu schaden? Geht es vielleicht um unsere Wirtschaft, die bewusst mit der Infektion zerstört werden soll? Nahezu kein anderes Land auf dieser Welt, ist wirtschaftlich so stark, wie die Bundesrepublik Deutschland. Deutschland hat einen großen Export in alle Länder auf dieser Welt, die Waren mit dem Siegel Made in Germany sind begehrt. Und gerade unsere wirtschaftliche Stärke, stärkt auch unseren Staat und die Bevölkerung. Während eine Vielzahl an europäische Länder wie Frankreich, Italien oder aber auch andere Länder wie die USA unter ihren Schulden leiden, sieht das in Deutschland anders aus. Hier kommt man seit Jahren ohne neue Schulden an, man tilgt sogar Altschulden und der Bundeshalt wächst und wächst. Was nichts anderes bedeutet, wie auch unser Wohlstand wächst. Doch gerade dieses Wachstum, kann vielleicht auch der Grund für die neue Infektion sein. Schon seit Jahren beschweren sich die Länder, allen voran die USA, über die wirtschaftliche Stärke von Deutschland. Soll jetzt mit der neuen Infektion und den damit verbundenen Folgen, die Wirtschaft in Deutschland bewusst geschadet, teilweise sogar zerstört werden? Für eine Vielzahl von anderen Ländern, ist die aktuelle Schwäche von Deutschland ein Segen. Gibt es ihnen doch die Möglichkeit, jetzt ihre eigene Wirtschaft besser in Stellung zu bringen.

Zumal man hierbei auch nicht vergessen darf, das

Ausbringen von einer Infektion ist in Deutschland sehr einfach. Schließlich kann man Deutschland nicht mit anderen Ländern vergleichen, da es bei Deutschland an der eigenen Souveränität, auch im Jahr 2020 noch immer fehlt. Was hierbei nämlich oftmals nicht bedacht wird, Deutschland steht immer noch unter der Befehlsgewalt der Siegermächte aus dem Zweiten Weltkrieg. Bis heute gibt es nämlich zwischen den Ländern keinen Friedensvertrag. Was letztlich auch erklärt, warum es bis heute eine Vielzahl von militärischen Anlagen von anderen Ländern, auf deutschem Boden gibt. Deutschland ist auch heute noch, ein besetztes Land. Das man da, leicht eine Infektion aussetzen kann, erklärt sich fast von allein. Zumal Deutschland sich ja wiederholt, den Ländern USA, aber auch zum Beispiel Frankreich in den letzten Jahren widersetzt hat. Mehrfach wurde hier der starke Export gerügt, doch darauf reagiert hat man nicht. Und das andere Länder auch von der Infektion betroffen ist, macht diese Theorie nicht unwahrscheinlicher. Schließlich kann sich die Infektion ungewollt so ausgebreitet haben. Hier gibt es mehrere Möglichkeiten die sich als Erklärung anbieten. Auch das es eine ganz bewusste Verbreitung der Infektion gab. Damit sich eben die Wirtschaft nicht so schnell erholen kann. Sind nämlich auch andere Länder betroffen, kann Deutschland denen in einer Krise nichts oder nicht viel verkaufen, da es an Finanzmittel dafür fehlt. Dementsprechend wird der Export und damit die Wirtschaft gebremst. Zumal eine Verbreitung der Infektion, gerade für die Verursacher noch etwas gutes hat. Gerade arme Länder, man denke hier mal an ganz Afrika oder vereinzelt an Süd-Amerika, können mit einer solchen Infektion noch einfacher unter Kontrolle gebracht werden.

Hierbei ist aber auch interessant, was für eine Diskussion zur Herkunft von der Infektion geführt wird. Aktuell ist das Herkunftsland der Infektion China. Dort soll die Infektion auf einem Wildtiermarkt entstanden sein. Schaut man sich Bilder zu diesen Wildtiermärkten an, so könnte man dieser Argumentation durchaus folgen. Gerade weil man es dort mit der Hygiene nicht so genau nimmt. Frisches Fleisch ohne Kühlung sind da genauso eine Selbstverständigkeit, wie Tiere in engen Käfigen. Auch ist die betreffende Region dafür bekannt, dass es dort ein Vorkommen von Fledermäusen gibt. Gerade Fledermäuse werden als der eigentliche Wirt, der neuen Infektion bezeichnet. Ob diese Infektion aber tatsächlich von der Fledermaus stammt oder vielmehr, die Infektion künstlich in einem Labor hergestellt wurde, ist bis heute nicht klar. Doch im Bezug auf China, ist der Wildtiermarkt, nur eine Erklärung. Die USA haben der Weltöffentlichkeit noch eine zweite Erklärung geliefert, nämlich ein Forschungslabor. In der betreffenden Stadt mit dem Wildtiermarkt, gibt es auch ein Forschungslabor. Und laut der Darstellung der USA, wurde hier unbewusst oder bewusst die Infektion freigesetzt. Dass das Labor erklärte, man habe diese Art Infektion gar nicht in der Forschung, interessiert hierbei nicht. Vielmehr untermauern die USA ihre These, mit angeblichen Beweisen, die man hat. Angebliche Beweise, die bis heute die Weltöffentlichkeit nicht gesehen hat. Das Ganze erinnert einen an einen anderen Vorfall, der jetzt mittlerweile gut 15 Jahre zurück liegt. Als die USA dem Irak das Vorhandensein von chemischen Waffen unterstellte. Auch hier war die Rede von vielen Beweisen, die man zur Existenz dieser Waffen hat. Die USA, aber auch zahlreiche andere Länder nahmen das zum Anlass, mit ihren Armeen einzumarschieren und das Land zu besetzen. Bis heute konnte dem Irak, keine einzige chemische Waffe nachgewiesen werden. Dafür konnte man etwas anderes finden, nämlich viel Erdöl. Und jetzt im Fall von China und der Infektion, spricht man wieder von Beweisen wie beim Irak. Verhält es sich hier mit China, ähnlich wie mit Deutschland? Auch China ist ein wirtschaftlich sehr starkes Land und setzt auch wie Deutschland, stark auf den Export. Zudem baut China seine Armee zunehmend aus und beansprucht zum Beispiel mehrere Inseln. Gerade im asiatischen Raum, nimmt China mehr und mehr eine Vormachtstellung ein. Gerade dieser Anspruch den China hat, könnte der Grund dafür sein, warum China für die Infektion verantwortlich gemacht wird. Der Weltöffentlichkeit wird hier von den USA, als bekannter Weltpolizist ein Bösewicht präsentiert. China ist aber nicht nur das angebliche Herkunftsland, China ist von der Infektion auch betroffen. So zeigt sich die Infektion in den Regionen Chinas unterschiedlich stark. Und in China zeigt sich dasselbe Bild, wie in Deutschland auch. Die Wirtschaft kracht förmlich in sich zusammen. Wie Deutschland, wird auch China noch Jahre mit den Folgen beschäftigt sein. Allein da China als Exportland, wie Deutschland seine Produkte nicht mehr so einfach in andere Länder verkaufen kann. Und auch an China gab es in den letzten Jahren, vor allem von den USA große Kritik an ihrem Export. Strafzölle und die Kündigung von Abkommen war die Folge. Doch so wirklich beeindruckt, hat das China nicht. Das China nicht selbst die Infektion ausgesetzt hat, dafür sprechen viele Tatsachen. Dazu muss man sich nur ansehen, wie es in China um die Demokratie bestellt ist. Eine Demokratie wie man sie in Deutschland, in Europa kennt, gibt es dort nicht. Dort ist der Überwachungsstaat, der von einigen Wirtschaftseliten und der Politik angestrebt wird, schon längst eine gelebte Realität. So findet man dort an nahezu jeder Straßenecke unzählige Kameras. Und jeder Bürger in China ist mit einem Punktesystem ausgestattet. Verhält man sich hier nicht so, wie es die Regierung in China möchte, so macht sich das schnell bei den Punkten bemerkbar. Und das kann dann mit Folgen verbunden sein, wie zum Beispiel einem Reiseverbot oder einem Verbot der Benutzung des öffentlichen Nahverkehres. Und kritisiert man die Regierung in China, kann man schnell in einem die zahlreichen Lager verschwinden. Anders als Länder wie Deutschland, hat China damit seine Bevölkerung schon längst unter Kontrolle. Daher braucht China diese Infektion gar nicht, um seine Macht und Interessen zu verfolgen.

INFEKTION WAR SCHON WEITAUS FRÜHER AKTIV

Das man an der Herkunft der Infektion in China Zweifeln kann, ergibt sich aber auch aus Studien. Laut der offiziellen Version, unter anderem der USA, ist die Infektion im Dezember 2019 entstanden. Doch diese Darstellung kann man mittlerweile aufgrund von Studien, die man im Internet nachlesen kann, als widerlegt betrachten. So zeigen nämlich diese Studien, dass es erste Infektionsfälle schon weit vor dem Dezember 2019, unter anderem in Italien, aber auch in Frankreich gegeben hat. Wenngleich auch nicht in der Häufigkeit, wie es nach Dezember 2019 aufgetreten ist. Dieser Umstand lässt nicht nur die Rolle von China bezweifeln, sondern lässt auch noch eine andere Vermutung zu. Nämlich das irgendwann im Jahr 2019 die Infektion erstmals in der Bevölkerung ausgesetzt wurde. Offenbar hat sich hierbei aber die Infektion nicht so verbreitet, wie man sich das wohl bei den Verursachern erhofft hat. Das lässt die Vermutung zu, dass man im Dezember 2019 eine erneute Freisetzung der Infektion vorgenommen hat. Damit es diesmal aber auch funktioniert mit der Ausbreitung, erfolgte die Freisetzung wohl gleich in mehreren Ländern. Das würde auch die Verteilung der Infektion erklären.

Gerade wenn es um die Herkunft von dieser Infektion geht, sollte man nicht den Aussagen und angeblichen Beweisen vertrauen. Sondern vielmehr genau hinsehen und vor allem hinhören, wer hier was behauptet. Und da zeigt sich nämlich dann ein wesentlich anderes Bild, nämlich vielmehr die USA als möglicher Verursacher. Und hierbei ist es dann unerheblich, ob die Regierung dafür verantwortlich ist oder Superreiche. Letztlich werden beide Parteien unter einer Decke stecken.

DIE VERÖFFENTLICHUNG AUS DEM BUNDESINNENMINISTERIUM

Im Zuge der Infektion und der damit verbundenen Hysterie, hat die Bundesregierung einen Krisenstab gebildet. Jetzt könnte man natürlich meinen, in einem solchen Krisenstab sitzen Fachleute. Fachleute die sich mit dem Infektions- und Bevölkerungsschutz auskennen. Doch wer diese Annahme hat, der wird von unserer Bundesregierung enttäuscht sein. Hier legte man nämlich nicht auf Fachkräfte Wert, zumindest wenn sie nicht im Sinne der Bundesregierung sprechen. Das wurde deutlich an einem Sachbearbeiter für Bevölkerungsschutz aus dem Bundesinnenministerium. Dieser hat auf gefühlt unzähligen Seiten, die angeblich gefährliche Infektion aufgearbeitet. Und das basierend auf Fakten. Und diese Fakten im Bericht bezweifelten nicht nur die Sinnhaftigkeit der Maßnahmen hinsichtlich der Einschränkung der Freiheitsrechte der Bürger. Sondern auch im Hinblick auf die generelle Maßnahmen zum Infektionsschutz und deren Wirksamkeit. Seine Einschätzungen im Bericht, die er stetig aktualisiert hat, hat er nicht nur an den Krisenstab gesendet, sondern auch innerhalb vom Bundesinnenministerium. Eine Reaktion auf seine Einschätzungen, erfolgte öffentlich nicht. Wie aber veröffentlichte E-Mails, die man im Internet nachlesen kann und belegen, haben Kollegen aus dem Bundesinnenministerium der Einschätzung zugestimmt. Diese Zustimmung war aber nur so lange, bis der Bericht öffentlich wurde. Dann war es nämlich plötzlich die Privatmeinung eines Mitarbeiters, der unerlaubt auf dem Briefkopf vom Bundesinnenministerium einen Bericht verfasst hat. Die Sache, nämlich die Infektion spielte hier natürlich keine Rolle mehr. Und das natürlich nur, weil es sich um einen Bericht handelt, der nicht der offiziellen Hysterie entspricht. Man kann sich sicher sein, wäre der Bericht von diesem Mitarbeiter im Sinne der Bundesregierung ausgefallen, so hätte man diesen als weiteren Beleg genommen. Und hierbei hätte dann auch keine Rolle gespielt, ob der Mitarbeiter aus dem Bundesinnenministerium mit einem solchen Bericht beauftragt war oder nicht. Es würde einen nicht wundern, wenn am Ende des Tages, wenn der Staub sich über diese Geschichte mal gelegt hat, der betreffende Mitarbeiter aus dem Bundesinnenministerium verschwinden würde.

VERGLEICHE HINKEN OFTMALS

Zur Begründung der Maßnahmen im Bezug auf die Infektion, insbesondere bei den Einschränkungen der Freiheitsrechte, wurde von der Politik immer wieder auf andere Länder verwiesen.Wie schlimm doch die Lage in einzelnen Ländern in Europa, aber auch in den USA doch wäre. Und natürlich zielen die Einschränkungen der Freiheitsrechte nur darauf ab, damit wir in Deutschland eine solche Lage nicht haben. Dieser Argumentation von Politik, aber auch von Virologen könnte man folgen, wenn man es vergleichen könnte. Wo kann man zum Beispiel Deutschland, aber mit den USA vergleichen? Und das gerade im Bezug auf die Infektion. Alleine um das was es geht, nämlich das Gesundheitssystem, kann zwischen diesen beiden Ländern nicht unterschiedlicher sein. Während in Deutschland ein jeder Bürger, unabhängig vom Einkommen, über eine Krankenversicherung verfügt, sieht das in den USA anders aus. Hier verfügt nicht jeder Bürger über eine Krankenversicherung, was Folgen hat. Vorsorgeuntersuchungen wie sie in Deutschland üblich sind, finden in dem Umfang in den USA nicht statt. Hier sind zum Beispiel Vorsorgeuntersuchungen nur dann möglich, wenn man sie entweder selber bezahlt oder sie von der Krankenversicherung bezahlt werden. Man kann es auch anders bezeichnen, das US-Gesundheitssystem ist mehr auf Profit und weniger, auf das Soziale ausgerichtet. Das ist in Deutschland genau anders. Warum das so ist, darüber sollte man mal nachdenken. Insbesondere welche Superreiche von einem solchen System, wie dem US-Gesundheitssystem profitieren? Man sollte hierbei nicht überrascht sein, wenn man hier mal wieder Namen von bestimmten Superreichen findet.

Doch kommen wir zurück zur Vergleichbarkeit: Alleine durch die grundsätzlichen Unterschiede die es zwischen den Gesundheitssystemen gibt, kann man nicht einfach die Länder miteinander vergleichen. Zumal durch das US-Gesundheitssystem noch hinzu kommt, dass man die allgemeine Gesundheit der US-Bevölkerung als deutlich schlechter einschätzen kann. Im Land des Fast-Food gibt es große Probleme mit einer immer dickeren Gesellschaft und den damit verbundenen Krankheiten. Das da eine Infektion, unabhängig wie man deren Gefährlichkeit einstuft, schnell gravierende Folgen haben kann, mag nicht besonders überraschen. So lassen sich aber die deutlich höheren Todeszahlen in den USA schnell erklären. Das es um die allgemeine Gesundheit der US-Bevölkerung schlechter bestellt ist, zeigt sich im übrigen auch an der allgemeinen Lebenserwartung. Während Männer in den USA im Durchschnitt 76 Jahre alt werden, sind es in Deutschland zwei Jahre mehr, nämlich 78 Jahre. Und auch bei Frauen ist die Lebenserwartung in Deutschland höher, hier liegt sie nämlich bei 83 Jahren, während sie bei Frauen in den USA bei 81 Jahren im Durchschnitt liegt. Und wie eine Veröffentlichung im Ärzteblatt aus dem Jahr 2015 mit dem Titel „Sinkende Lebenserwartung in den USA" dokumentiert, nimmt diese in den USA sogar ab. Eine wesentliche Begründung findet sich hier im US-Gesundheitssystem, was mit einer schlechten ärztlichen Versorgung verbunden ist. Aber auch mit dem Lebensstil, insbesondere mit den Essgewohnheiten von Teilen der US-Bevölkerung. Auch hier sei hervorzuheben, dass es Unterschiede zwischen den USA und Deutschland gibt. Während in den USA die Lebenserwartung sinkt, sieht das für Deutschland gänzlich anders aus. Hier steigt die Lebenserwartung der Bevölkerung stetig. Wie man letztlich aber erkennen kann, taugen solche Vergleiche nichts. Da es einfach an der Aussagekraft fehlt, wenn man Länder vergleichen möchte, die vollkommen unterschiedliche Systeme und Lebensgewohnheiten haben. Sicherlich wird mancher Leser, in meiner Darstellung jetzt einen Widerspruch sehen. Schließlich wurde bisher herausgearbeitet in diesem Buch, dass es an der Rolle der USA durchaus Zweifel gibt. Das die USA, sei es von der Regierung oder von Superreichen, die Infektion auch gegen die eigene Bevölkerung einsetzt, mag mich an dieser Stelle nicht überraschen. Schließlich kann man so Einfluss auf die eigene Bevölkerung nehmen.

Ob die Infektion gefährlich ist oder, darüber mag sich jeder selber ein Urteil bilden. Doch gerade im Zusammenhang mit der Infektion, gab es immer wieder die Aussage, es gebe keine Alternative zu den Beschränkungen der Freiheitsrechte der Bevölkerung. Ist das wirklich so, gibt es wirklich keine Alternative? Wie zuletzt geschrieben, kann man die Länder nicht miteinander vergleichen. Doch gerade am Fall Schweden, lohnt es sich doch, mal genauer hinzusehen. Nicht um Vergleiche zu ziehen, sondern vielmehr zu betrachten, wie Schweden auf die so gefährliche Infektion reagiert hat. Während in der Mehrheit der Länder auf dieser Welt, der Shutdown, der Stillstand der Bevölkerung und der Wirtschaft vollzogen wurde, ging Schweden einen anderen Weg. In Schweden hat man sich diesem Shutdown weitgehend nicht angeschlossen. Sondern hat weiter normal die Wirtschaft laufen gelassen und hat auch, auf Beschränkungen der Freiheitsrechte verzichtet. Stattdessen hat man hier nur auf vereinzelte Maßnahmen, wie die Einschränkung von Großveranstaltungen gesetzt. Würde man der Logik der deutschen Politiker und Virologen folgen, müsste es in Schweden mittlerweile Millionen von infizierte Menschen geben. Und vor allem, auch haufenweise Todesfälle. Doch das Gegenteil ist der Fall. Es kam hier nicht zu Wellen an Infizierten und Todesfällen. Sicherlich hört man immer wieder im Bezug auf Schweden, dass diese im Vergleich zu anderen Ländern, eine höhere Sterblichkeit bei der Infektion hätte. Doch auch hier gilt es wieder, man kann nicht einfach alles vergleichen. Und vor allem, sollte man nicht alles ungeprüft glauben. Das Schweden eine höhere Sterblichkeit aufweist, ist in der Tat richtig. Doch hier muss man sehen, was generell die Leitlinie in Schweden ist, unabhängig der angeblich gefährlichen Infektion. Während in Deutschland und vielen anderen Ländern, selbst im hohen Alter noch mit Intensivmaßnahmen bei Krankheiten gearbeitet wird, sieht das in Schweden anders aus. In Schweden setzt man hier vor allem auf Lebensqualität und ordnet diese nicht einfach irgendwelchen Intensivmaßnahmen unter, nur damit am Ende noch ein paar Tage mehr raus springen, man dafür aber nur noch an Maschinen hängt. Gerade deshalb kann man auch nicht vergleichen, wer nämlich in Deutschland Intensivmaßnahmen nicht widerspricht oder widersprechen kann, der wird maximal zu Tode versorgt. Und das ist ein gänzlich anderer Weg. In Deutschland profitieren von diesem Weg, vor allem die Hersteller von Medikamenten und Pflegeprodukten.

In Schweden gibt es aber noch eine Besonderheit, den man bei der Infektion geht. Und das ist die sogenannte Durchseuchung. Unter Durchseuchung versteht man hierbei, dass sich möglichst viele Bürgerinnen und Bürger mit der Infektion anstecken. Diese Durchseuchung hat den großen Vorteil, dass innerhalb von kurzer Zeit je nach Ausbreitung der Infektion, man eine hohen Anzahl an Bürgerinnen und Bürger hat, die die Infektion schon gehabt haben. Und gerade das ist dahingehend von Vorteil, da laut Wissenschaft es wohl eine Immunität gibt. Das bedeutet, ist man einmal erkrankt, kann man nicht wieder an der Infektion erkranken. Wobei in der Wissenschaft umstritten ist, wie lange die Immunität anhält. So ist hier teilweise die Rede davon, dass diese nur wenige Monate vorliegen würde. Doch gerade mit der Durchseuchung und der Immunität, kann man dauerhaft die Infektion beseitigen oder zumindest deutlich reduzieren. Auch in Deutschland hat man kurzzeitig über diesen Weg nachgedacht, doch diesen auch schnell wieder verworfen. Die Begründung aus der Politik lautete hierbei, das sei nicht zu verantworten. Doch auf der anderen Seite muss man sehen, was die fehlende Durchseuchung bedeutet. Kommt es auch weiterhin in Deutschland nur zu geringen Ansteckungen und ist ein Medikament oder ein Impfstoff nicht verfügbar, so wird die Infektion dauerhaft fester Bestandteil im Alltag. Wie nämlich hier wissenschaftliche Untersuchungen gezeigt haben, bis es zu einer Durchseuchung mit den aktuellen Infektionsschutzmaßnahmen in Deutschland kommen würde, würde es Jahrzehnte dauern.

Wobei man hierbei die Begrenzung der Immunität auf nur wenige Monate nicht vernachlässigen darf. Was dann nämlich letztlich nichts anderes bedeutet, als als das eine Durchseuchung der Bevölkerung überhaupt gar nicht möglich ist, solange die aktuellen Infektionsschutzmaßnahmen ihre Gültigkeit haben. Das die Politik, anders als in Schweden, diesen Weg der Durchseuchung nicht gehen möchte, mag aber auch an dieser Stelle nicht verwundern. Mit einer Durchseuchung von dieser angeblich so gefährlichen Infektion, wäre diese nämlich schnell Geschichte. Doch so, kann man die Freiheitsrechte der Bürger dauerhaft außer Kraft setzen. Daher ist es auch nicht verwunderlich, warum die Politik genau auf diese Maßnahmen setzt.

DIE LETZTE BASTION!

Was die Bundesregierung und die Landesregierungen im Schilde führen, darüber kann man nur mutmaßen. Wie in diesem Buch hoffentlich deutlich wurde, gibt es hier zahlreiche Widersprüche, die man sich nicht einfach mal so erklären kann. Doch eines hat diese Pandemie gezeigt, es gibt bei allen negativen Ereignissen der letzten Monate, einen Lichtblick. Und dieser Lichtblick sind die Verfassungsgerichte in den Bundesländern, aber auch das Bundesverfassungsgericht, die die Bürgerrechte aus dem Grundgesetz und den Landesverfassungen verteidigen. Die Politik macht das ja leider gerade nicht. Eine Vielzahl der Beschränkungen die zum Nachteil der Bevölkerung, von der Politik beschlossen wurden, wurden mittlerweile von den Verfassungsgerichten als verfassungswidrig erklärt. Man denke hierbei nur an die Versammlungsfreiheit, die wieder von den Verfassungsgerichten hergestellt wurde. Versammlungen, wie zum Beispiel zu einer Demonstration gegen die Infektionsschutzmaßnahmen, waren streng verboten. Schließlich könnte sich dadurch die Infektion verbreiten, erklärte die Politik das Verbot. Das sahen zum Glück die Verfassungsrichter anders und erlaubten Demonstrationen.

Wie willkürlich die Politik ist, zeigte sich auch an der 800 qm² Regel für Ladenbesitzer in ganz Deutschland. Nach dem Willen der Politik, sollten nur Laden mit einer Größe von weniger als 800 qm² öffnen. Begründet wurde das mit der Anzahl der Kunden. Die Logik der Politik hierbei, je größer der Laden, umso mehr Kunden. Doch diese Annahme ist absurd. Wie viele Leute in einen Laden kommen, kann man doch nicht pauschal an der Ladengröße festmachen. Sondern vielmehr ist es doch von einer Vielzahl an Faktoren abhängig. Wie vom Sortiment im Laden, aber auch die Art und der Umfang der Präsentation. Auch dieser Regelung haben die Verfassungsgerichte einen Riegel vorgeschoben. Schließlich handelt es sich hier um nichts anderes, als um eine Einschränkung der Berufsfreiheit, die so pauschal nicht zulässig ist. An diesem Beispiel hat sich die Politik der Bundesregierung entlarvt. Nämlich wie man zu diesem Wert von 800 qm² gekommen ist. Diese 800 qm² waren nämlich das Ergebnis von einem Kompromiss. Manche der Spitzenpolitiker wollten mehr, andere wieder weniger bei der Ladengröße. Der Gedanke vom Infektionsschutz, spielte hierbei zu keiner Zeit eine wirkliche Rolle. Letztlich hat man sich dann auf 800 qm² geeinigt. Das ganze klingt nicht wie Demokratie oder die Nachvollziehbarkeit einer Entscheidung. Sondern vielmehr nach einem politischen Handeln, wie auf einem Basar. Natürlich kann diese Regelung aber auch so getroffen worden sein, damit sie einzelnen Superreichen dient. Das Ausschalten von großen Geschäften, führt nämlich zu nichts anderem, als zu einem Boom im Onlinehandel. Und hiervon profitieren gerade die Superreiche in der Branche vom Onlinehandel. Die sich jetzt während dem Shutdown mit ihrem Online-Handel eine goldene Nase verdienen konnten. Eine Konkurrenz gab es schließlich nicht. Und wäre es nach der Politik gegangen, wäre dieser Zustand noch eine lange Zeit die Realität in Deutschland.

Doch kommen wir zurück zur Justiz: Was bedenklich und zugleich brandgefährlich ist, sind die ersten Reaktionen aus der Politik. Hier reagiert man bisweilen auf die Entscheidungen der Verfassungsgerichte mit Unverständnis. Die Justiz in Deutschland ist unabhängig, so lautet einer der Grundsätze in unserer Verfassung. Es bleibt zu offen, dass diese Unabhängigkeit sich die Justiz bewahren kann. Und nicht das am Ende die Justiz ein Hilfsmittel für die Politik oder sogar von bestimmten Superreichen wird. Wie eine solche Gleichschaltung der Justiz funktioniert, konnte man in Deutschland nicht nur während der Nazi-Zeit sehen, sondern auch heute in Nachbarländern wie Polen. Wo heute die Justiz weitgehend auf Linie mit der dortigen Regierung gebracht wurde. Es gibt aber auf die Urteile der Verfassungsgerichte, auch noch andere Reaktionen aus der Politik. Gerade seit es Demonstrationen gegen die Infektionsschutzmaßnahmen gibt, versucht die Politik mit allen Mitteln, diese Bürger als Dummköpfe, als Spinner darzustellen. Auf die Argumente wird da gar nicht eingegangen, was aber nicht überrascht. Würde man nämlich auf die Argumente mal eingehen und würde so eine Diskussion entstehen, so könnten Teile der Bevölkerung mal darüber nachdenken. Gerade auf die zahlreichen Beschränkungen der Freiheitsrechte und über die wahre Herkunft der Infektion und Ziele. Und das möchte man von Seiten der Politik gerade nicht. Und so verfolgt man hier die einfache Schiene, in dem man die Bürger die auf die Straße gehen, schlecht macht. Doch nur beim schlecht machen der Bürger, bleibt es nicht. Trotz der Rechtsprechung der Verfassungsgerichte, müssen die Bürger bei einer Demonstration, eine Vielzahl an Infektionsschutzmaßnahmen einhalten. So zum Beispiel einen Abstand von zwei Metern, zwischen den Bürgern einhalten. Und wer diesen Abstand nicht peinlich genau einhält, der wird verfolgt mit Strafanzeigen und Verhaftungen, wie zahlreiche dokumentierte Fälle im Internet zeigen. Welche Angst man hier in der Politik hat, zeigen auch Fälle wie den einer Heidelberger Rechtsanwältin. Diese hatte öffentlich auf ihrer Internetseite die Einschränkung der Freiheitsrechte der Bürger, als verfassungswidrig dargestellt. Das sie mit dieser Einschätzung nicht falsch liegt, zeigen die mittlerweile zahlreichen Urteile der Verfassungsgerichte. Das Resultat dieser Veröffentlichung von der Rechtsanwältin, ist nicht nur ein Strafverfahren, sondern war auch eine Hausdurchsuchung und eine zeitweise Einweisung in eine Klinik. Und als es für die Rechtsanwältin zu einer Demonstration vor einem Heidelberger Polizeirevier gekommen ist, hat auch darauf der Staat reagiert. In dem eine Sonderkommission gegründet wurde, mit dem Ziel alle Bürger die an der Demonstration teilgenommen haben, zu identifizieren um sie verfolgen zu können. Und das ist doch schon ein beachtliches Engagement, während man seit Jahren die Einbruchszahlen zum Beispiel nicht in den Griff bekommt. Vielleicht ist aber auch das gewollt, damit die Menschen aus Angst vor Einbrüchen und Diebstahl, weiter in teure Sicherheitstechnik ihr Geld investiert.

WIE GEFÄHRLICH IST DIE INFEKTION?

Glaubt man den Virologen ist die Infektion sehr gefährlich. Was eine erstaunliche Feststellung ist, wenn es auf der anderen Seite, gerade von der Politik immer wieder heißt, man wisse kaum etwas über die Infektion. Begründet wurde die Gefährlichkeit immer mit den Todeszahlen, gerade aus den anderen Ländern. Vereinzelte Meldungen, gerade von jungen Menschen die an der Infektion gestorben sind, haben natürlich die mittlerweile in der Bevölkerung herrschende Hysterie noch verstärkt. Doch gerade hinsichtlich der Gefährlichkeit kann man bei dieser Infektion, einige Zweifel anmelden. Das fängt alleine schon an, wenn es um die Todeszahlen geht. Tag für Tag, wurde der Bevölkerung die aktuellen Todes- und Infektionszahlen genannt. Doch gerade bei den Todeszahlen sollte man sehr skeptisch sein. Gerade weil hierbei zum Beispiel nicht unterschieden wird, ob ein Menschen an der Infektion gestorben ist oder nicht. Stattdessen wird jeder Mensch der stirbt und bei dem die Infektion nachgewiesen wird, sofort als Todesfall gewertet. Ob aber der Mensch einfach aus Altersgründen und damit aus natürlichen Gründen oder aufgrund von einer Erkrankung, wie zum Beispiel einem Herzinfarkt oder einem Schlaganfall gestorben ist, wird hierbei nicht geprüft. Gerade wenn es daher heißt, an der Infektion sind X-Tote zu verzeichnen, so ist diese Aussage einfach falsch. Und was noch schlimmer ist, gerade Fachleute wie Virologen und auch die Politik, weiß ganz genau, dass diese Aussagen falsch sind. Zumal es hier noch einen interessanten Fakt gibt, der kaum in Deutschland Beachtung findet, ist die Ermittlung der Todesursache. Woran die Menschen sterben, wollte man gerade in Deutschland in den letzten Monaten gar nicht wissen. Obduktionen die Aufschluss über den wahren Todesgrund geben können, wurden nämlich vom Robert-Koch-Institut (RKI) nicht empfohlen. Begründet wurde das mit der angeblich hohen Infektionsgefahr. Was schon erstaunlich ist, da von Leichen grundsätzlich immer eine Infektionsgefahr ausgeht. Das man aber genau hinsehen sollte, zeigt der Fall Hamburg. In Hamburg ist ein Pathologe den Empfehlungen vom Robert-Koch-Institut nicht gefolgt. Und hat die in Hamburg angeblich an der Infektion verstorbenen Menschen obduziert. Und die Ergebnisse, die man im Internet in zahlreichen Veröffentlichungen nachlesen kann, sind eindeutig. So war nämlich nicht immer die Infektion maßgeblich für den Tod. Auch haben die Obduktionen gezeigt, dass die Menschen die tatsächlich an der Infektion gestorben sind, immer auch an schweren Grunderkrankungen gelitten haben. Und hier laut dem Pathologen, die betroffenen Menschen unabhängig von der Infektion, dem Tod sehr nah waren. Nicht nur in Deutschland hat man diesen zweifelhaften Weg bestritten, sondern in der Mehrzahl der Länder. Es werden einfach Tag für Tag, Todeszahlen genannt und dieses der Infektion in die Schuhe geschoben, ohne hierbei tatsächlich den Nachweis zu führen, ob das tatsächlich so der Fall war. Gerade bezogen auf Deutschland gibt es hier noch einen sehr interessanten Fakt, der vom Statistischen Bundesamt kommt. Das Statistische Bundesamt erfasst Monat für Monat eine Vielzahl an Daten, darunter auch die Todeszahlen. Und hierbei werden dann auch Vergleiche zu den Vormonaten, aber auch zum Vorjahr gezogen. Und wie sich hier gezeigt hat, gibt es keine wesentlichen Auswüchse bei den Sterbezahlen, im Vergleich zu anderen Jahren. Wird die Politik mit diesem Fakt konfrontiert, so kann man hier immer wieder hören, das sei den starken Beschränkungen geschuldet. Doch das kann man bezweifeln, alleine schon wegen den bereits dargestellten Unstimmigkeiten bei der Erfassung der Todesfälle bei der Infektion.

Aber auch in anderer Hinsicht, kann man an der Gefährlichkeit von dieser Infektion zweifeln. Dazu muss man sich nur ansehen, was für Infektionsschutzmaßnahmen getroffen worden sind. Gerade im Hinblick auf die Entscheidungen der Verfassungsgerichte, war die Politik zu Lockerungen gezwungen. Doch von Seiten der Politik, wurden verschiedene Infektionsschutzmaßnahmen beschlossen. Eine davon ist die Abstandregelung von zwei Meter. Gerade bei einer solchen Abstandsregelung muss man sich schon an den Kopf fassen. Weil was soll dieser Abstand bringen, gerade wenn die angeblich so gefährliche Infektion, so gefährlich auch in Wirklichkeit ist? Eine feuchte Aussprache oder ein Husten reicht doch schon aus, damit die Viren hier in der Luft bleiben und von jedem eingeatmet werden können. Da hilft dann auch kein Abstand von zwei Meter. Schließlich ist die Luft immer in Bewegung und kann sich dementsprechend ausbreiten. Zudem darf man hierbei auch nicht vergessen, dass die Menschen nicht immer an der gleichen Stelle sich befinden, sondern sich natürlich bewegen. Auch in dieser Hinsicht, macht der Abstand von zwei Meter keinen Sinn. Gleiches gilt aber auch hinsichtlich der sogenannten Mund-Nase-Bedeckung. Ob die Nutzung von öffentlichen Verkehrsmitteln oder beim Einkaufen, nichts geht mehr ohne eine solche Bedeckung. Alleine schon, weil man ohne diese Bedeckung keinen Zutritt bekommt. Und je nach Bundesland bei Nichttragen, das sogar mit einem Bußgeld verbunden ist. Wie von der Politik dargestellt, kann es sich bei einer solchen Bedeckung, auch um einen einfachen Schal oder um ein Tuch handeln. Und nicht um eine spezielle Maske, die einen tatsächlichen Schutz bieten würde. Auch hier kann man sich nur wundern, wenn eine angeblich gefährliche Infektion, mal eben so von einem einfachen Schal aufgehalten werden kann. Das diese Bedeckungen nichts helfen und auch überhaupt keinen Sinn machen, belegen auch verschiedene Aussagen. So hält die WHO, die Weltgesundheitsorganisation ein Tragen von Bedeckungen dieser Art, ausdrücklich für nicht notwendig. Diese Auffassung wird auch vom Weltärzteverband vertreten, wo sogar von einer Lächerlichkeit gesprochen wurde. Wem letztlich diese Infektionsschutzmaßnahmen dienen, darüber kann man nur spekulieren, der Bevölkerung auf jedenfall wohl nicht. Gerade wenn die Infektion so gefährlich wäre, wie immer behauptet, dann überrascht aber auch noch ein anderer Umstand. Bei allen Infektionsschutzmaßnahmen die es gibt, fehlt nämlich dann eine und das sind Handschuhe. Warum müssen die Menschen keine Handschuhe tragen, bei der angeblichen Gefährlichkeit der Infektion. Im Alltag mangelt es schließlich nicht an Situationen, in denen man an Gegenstände greift, die vorher ein anderer Mensch in der Hand hatte. Man denke hier nur an Türen, an Griffe oder aber auch beim Einkaufen an den Einkaufswagen. Schließlich sind das überall auch Möglichkeiten, bei denen man sich durch das Anfassen der Gegenstände, mit der Infektion infizieren könnte. Nicht das jetzt hier der Eindruck entsteht, ich fordere eine Pflicht zum Tragen von Handschuhen. Doch gerade wenn die Infektionsgefahr angeblich so hoch ist, man Abstand und eine Bedeckung tragen soll, verwundert es, dass die Menschen aber keine Handschuhe tragen müssen. Obwohl dieser Weg der Übertragung von der Infektion weit realistischer ist, als das man beim Einkaufen angehustet wird.

Neben den Todeszahlen, dienen auch die Infektionszahlen als Nachweis der Gefährlichkeit. Die Infektionszahlen werden von den örtlichen Gesundheitsämtern erfasst und vom Robert-Koch-Institut veröffentlicht. Doch was sagen die Infektionszahlen aus? Betrachtet man die angeblichen Infektionszahlen genau, so kann man hier nur zu einem Ergebnis kommen. Nämlich das die Infektionszahlen aus verschiedenen Gründen, gar keine Aussagekraft haben. Selbst wenn eine Infektion nachgewiesen wird, so gibt die Infektion keine Auskunft darüber, ob sie harmlos oder schwerwiegend verläuft. Gerade aber die schwerwiegenden Verläufe, sind laut Politik maßgeblich, da diese für unser Gesundheitssystem relevant sind. Wesentlich aussagekräftiger ist hier eine gänzlich andere Zahl, nämlich die Belegungszahlen von Intensivbetten im Zusammenhang mit der Infektion. Gerade bei schweren Verläufen, ist immer eine Betreuung auf einer Intensivstation mit Beatmung notwendig. Schaut man sich diese Zahlen an, so sind diese sehr überschaubar. Und zwar so überschaubar, dass sich die deutsche Politik sogar bereit erklärt hat, Menschen aus anderen Ländern aufzunehmen, die an schweren Verläufen der Infektion leiden. Infektionen gibt es in Deutschland immer wieder. Und immer wieder erkranken und sterben auch Menschen daran. Gerade unter diesem Aspekt, stellt sich die Frage, was jetzt an dieser neuen Infektion so besonders ist? Selbst wenn man die offiziellen Todeszahlen zur Infektion der Bundesregierung glaubt, so handelt es sich hier um wenige tausend Menschen. Vergleicht man das mit anderen Infektionen die uns seit Jahrzehnten Jahr für Jahr begleiten, wie zum Beispiel einer Grippe, wird die Frage der Gefährlichkeit noch absurder. Jahr für Jahr sterben Menschen an der Grippe. Alleine zwischen 2017 und 2018, waren es weit über 20.000 Menschen nur in Deutschland. Diese Zahl ist keine Erfindung, sondern kann man vielmehr auf der Internetseite vom Robert-Koch-Institut nachlesen. Und da muss man sich schon Fragen, woher die Hysterie kommt? Von einer Gefährlichkeit kann man nicht mehr wirklich reden. Gerade bei Todeszahlen von weit über 20.000 Menschen bei der Grippe. Natürlich ist die Politik und auch die Virologen, schon längst auf diesen Einwand eingegangen. Und viel schlimmer hierbei, der Einwand wurde einfach bei Seite gewischt. Die Begründung dafür ist nämlich absurd. So wird hier argumentiert, man wüsste alles über die Grippe. Auch würde es bei der Grippe eine Möglichkeit der Impfung und auch Behandlungsmöglichkeiten geben. Alles das, würde auf die neue Infektion nicht zu treffen. Selbst wenn man dieser Argumentation folgen würde, ist es ein Widerspruch. Auch wenn alles bekannt ist bei der Grippe, haben wir hohe Todeszahlen. Und zwar mehr als deutlich höhere Todeszahlen, als bei der neuen Infektion. Und das ist schon bemerkenswert, insbesondere wenn es hier Impfungen und Behandlungsmöglichkeiten gibt. Beides kann nämlich so erfolgreich nicht sein, sonst hätte man diese hohen Todeszahlen bei einer Grippe nicht. Gerade in diesem Zusammenhang kommt man aber auch nicht an dem Umstand vorbei, den Virologen und der Politik eine Lüge zu unterstellen. Schließlich wird hier ein Versprechen abgegeben, was man unter Umständen gar nicht einhalten kann. Was ist, wenn zum Beispiel der neue Impfstoff oder das Medikament, auch weiterhin für Todesfälle verantwortlich ist, so wie es bei der Grippe der Fall ist. Was ist dann die Ausrede, wenn es um die Beschränkung der Freiheitsrechte geht? Das man sich da in Wahrheit nicht so sicher ist oder einen ganz anderen Plan in der Schublade hat, zeigt sich auch der verräterischen Sprache. So wird heute oftmals von Politikern und Virologen von einer „neuen Zeit" gesprochen. Erstaunlich ist aber auch, dass wir jedes Jahr tausende von toten Menschen an der Grippe akzeptieren, aber bei der neuen Infektion nicht. Oder gab es jemals einen solchen Shoutdown mit einem Stillstand von Öffentlichkeit und Wirtschaft bei der Grippe? Nein, gab es nicht. Auch das kann man nur als einen weiteren Beleg werten, dass diese neue Infektion nur ein Mittel für einen bestimmten Zweck, wie zum Beispiel für eine neue Weltordnung oder für eine Weltherrschaft ist.

Im Zusammenhang mit der angeblich gefährlichen Infektion, wurden aber auch neue Stars geboren. Sie spielen nicht in Spielfilmen mit oder überzeugen durch sportliche Leistungen, sondern es handelt sich um Virologen. Auf keinem Fernsehsender, in keiner Zeitung konnte man nicht Artikel, Kommentare und Meinungen von Virologen lesen. Ein richtiger Kult ist hier entstanden. Was immer die Virologen geäußert haben, war sofort eine Eilmeldung. Und natürlich war immer alles ganz schlimm. Dieser Kult hat Ausmaße angenommen, die an Absurdität nicht zu überbieten ist. Man denke hier an die Virologen, die zum Beispiel plötzlich einen Podcast hatten. Und hier tagesaktuell ihre Thesen verbreitet haben. Eine Vielzahl der Thesen waren hier meist eher eine Einzelmeinung, als ein Fakt, der auf einer fundierten wissenschaftlichen Grundlage beruht. Gerade diese Entwicklung muss einen Bürger schon skeptisch machen. Alleine schon im Hinblick, dass es hier natürlich immer auch um Geld, um Ansehen geht. Ob da immer der wissenschaftliche Aspekt und nicht der eigene Geldbeutel oder die Eitelkeit im Vordergrund stand, kann bezweifelt werden. Das belegt auch der Umgang unter den Virologen. Man denke hier nur an eine Studie die im Zusammenhang mit der Infektion in Nordrhein-Westfalen durchgeführt wurde. Innerhalb von kurzer Zeit, kam die an der Studien beteiligten Wissenschaftler und Virologen zu erstaunlichen Erkenntnissen. So zum Beispiel das die Sterblichkeit an der

Infektion, deutlich geringer ist, als es bisher angenommen wurde. Es dauerte nicht lange, bis andere Virologen deutliche Kritik an der Studie geübt haben. So wurde hier kritisiert, dass die Ergebnisse der Studie nicht nachvollziehbar wären. Oder das die Studie nicht vorab in Fachkreisen veröffentlicht wurde. Man konnte sich hier dem Eindruck nicht erwehren, als passte das Ergebnis bestimmten Virologen, die sich gemütlich in der Infektions-Hysterie eingerichtet haben, so gar nicht. Erzeugte schließlich diese Studie doch erste Zweifel an der tatsächlichen Gefährlichkeit von der Infektion. Und die Medien folgten treu den Virologen und stimmten dem Kanon zu, der einzig und alleine nur dem Ziel diente, diese Studie zu kritisieren. Am Ende war sogar ein Thema, welche Beratungsagentur die Pressearbeit geleistet hat oder ob die Landesregierung als Auftraggeber der Studie, Vorgaben den Wissenschaftlern und Virologen gemacht hat. Wie man daran erkennen konnte, ging es längst nicht mehr um die Sache wie um die Infektion und die damit verbunden Fakten. Wobei man hier natürlich auch nicht verkennen darf, dass man mit Studien viel Geld verdienen kann. Mit 65.000 Euro war die Studie in Nordrhein-Westfalen günstig. Doch wer will Virologen und andere Wissenschaftler mit Studien, zum Beispiel zur Sterblichkeit noch beauftragen und dafür eine Menge Geld ausgeben, wenn es Studien wie aus Nordrhein-Westfalen gibt. Auch dahingehend ist natürlich die Reaktion von bestimmten Virologen nachvollziehbar, wenngleich es mora lisch verwerflich ist.

DIE ROLLE VOM ROBERT-KOCH-INSTITUT (RKI) UND DER WHO

Das Robert-Koch-Institut (kurz RKI) ist im Zusammenhang mit der Infektion der Maßstab, auf den Politik hört. Über das Robert-Koch-Institut wird nicht nur täglich die aktuellen Zahlen zu Infektionen, sondern auch zu geheilten und zu verstorbenen Menschen veröffentlicht. Und das Robert-Koch-Institut gibt auch Auskunft darüber, wie es sich aktuell mit der Reproduktionsrate verhält. Das Robert-Koch-Institut ist eine wissenschaftliche Einrichtung, zumindest könnte man das annehmen. Doch gerade zahlreiche Ereignisse, lassen hier große Zweifel zu. Wussten Sie zum Beispiel das die Reproduktionsrate nur geschätzt wird? Ja, Sie haben richtig gelesen. Die Reproduktionsrate wird vom Robert-Koch-Institut nicht aufgrund von nachvollziehbaren Berechnungen und Fallzahlen erhoben, es ist vielmehr eine Schätzung. So verwundert es auch nicht, dass sich der Wert bisweilen innerhalb von wenigen Stunden, mal schnell ändert. Und das ist schon ein beachtlicher Umstand, insbesondere wenn gerade auf solche Schätzungen Entscheidungen beruhen, wie die Einschränkung von Freiheitsrechten. Und im Robert-Koch-Institut wird nicht nur bei der Reproduktionsrate mit der Glaskugel gearbeitet, sondern auch zum Beispiel wenn es um die Zahl der geheilten Menschen geht. Diese Zahlen werden nämlich gar nicht erfasst. Was einem sehr überrascht, schließlich sind doch die angeblich von einer Infektion betroffenen Menschen bekannt. Warum man hier nicht erfassen möchte, wer wieder geheilt ist, ist nicht zu erklären. Schließlich wäre es mit einer Einfachheit verbunden, da jeder Mensch bei dem eine Infektion festgestellt wurde, erst dann wieder als geheilt gilt, wenn ein Test negativ ausfällt.

Probleme mit den Zahlen gibt es aber auch in anderer Hinsicht, nämlich bei des Tests. Die neue Infektion kann mit einem Test nachgewiesen werden. Um erkennen zu können, ob Menschen an einer Infektion erkrankt sind oder nicht, wurden in ganze Deutschland unzählige Teststationen errichtet. Lange Zeit wurde nicht erfasst, in welchem Umfang hier getestet wurde. Was schon erstaunlich ist, da man doch wissen müsste, in welchem Umfang getestet wird. Schließlich ist ein solcher Test mal nicht eben gemacht, sondern erfordert eine umfangreiche Bearbeitung in einem Labor. Von den Kosten gar nicht zu reden, so kostet ein solcher Test rund 60.00 Euro. Erst nach Kritik an diesem Verfahren, wurde von der Politik erklärt, man könnte weit über 500.000 Menschen in der Woche testen. Das ist doch mal eine Hausnummer, auch wenn in unserem Land über 82 Millionen Menschen leben. Gerade im Hinblick auf die Infektionszahlen, die uns Bürgern tagesaktuell verkündet worden sind, hörte man zu den Tests nicht viel. Dabei sind doch gerade die Testzahlen in ihrer Gesamtheit nicht unwesentlich. Da man anhand den Testzahlen erkennen kann, in welchem Umfang sich die angeblich, so gefährliche Infektion in der Bevölkerung verbreitet. Doch auch hier kann man sich leider nicht dem Eindruck verschließen, als wollte man das so genau gar nicht wissen. Hier bediente man sich lieber weiter mit Schätzungen aus der Glaskugel vom Robert-Koch-Institut. Vielleicht möchte man es aber auch nicht wissen, damit die Bevölkerung keine kritischen Fragen stellt. Nämlich zum Beispiel woher die Tests kommen, wer steckt hier hinter den Unternehmen oder aber auch hinter den Laboren? Würde man das nämlich tun, würde man auch hier wieder auf Superreiche kommen, die sich unsere Bevölkerung zur Beute macht. Und die Politik leistet hierbei Schützenhilfe. Zumal sich gerade bei den Testverfahren noch eine Frage stellt, nämlich zur Herkunft der Tests. Gerade wenn man der Geschichte von einer neuen Infektion glaubt und hierbei auch immer, dass man so wenig über die Infektion wisse, ist es doch erstaunlich, wie schnell ein Testverfahren verfügbar war. Schließlich kann man ein solches Testverfahren nicht mal eben aus dem Ärmel schütteln. Sondern man muss die Infektion erforschen, Bestandteile der Infektion erkennen und sie dann auch in einem Testverfahren bearbeiten können. Dass das innerhalb von wenigen Wochen möglich war, kann bezweifelt werden. Weil wenn das tatsächlich so abgelaufen ist, warum gibt es dann keinen Impfstoff oder wirksame Medikamente?

Bei der Betrachtung der Infektion darf man nicht nur das Robert-Koch-Institut in den Blick nehmen, sondern auch die WHO. Die WHO hat gerade bei dieser Infektion eine nicht unwesentliche Rolle. Gerade in der angeblichen Anfangszeit im Dezember 2019 und Januar 2020 spielte die WHO eine große Rolle. So waren es Experten der WHO, die zum Beispiel im Januar 2020 am vermeintlichen Ausbruchsort in China waren. Nur wirklich etwas feststellen, konnten die Experten der WHO nicht. So hat die WHO auch lange Zeit, zum Beispiel die von einzelnen Staaten beschlossenen Beschränkungen, wie bei der Reisefreiheit, für nicht notwendig erachtet. Wie schon erwähnt, sieht die WHO auch keine Notwendigkeit vom Tragen einer Mund-Nase-Bedeckung. Mittlerweile ist es um die WHO ruhig geworden, was einen überraschen kann. Schließlich geht es mit dieser Infektion, um ein Gesundheitsthema. Doch da die WHO wohl nicht so reagierte, wie man es sich in der US-Regierung gewünscht hat, aber auch in Frankreich, kam es zu einer starken Kritik. Die US-Regierung hat zeitweise sogar damit gedroht, der WHO die Geld aus ihrem Mitgliedsanteil zu streichen. Und Länder wie Frankreich fordern umfangreiche Untersuchungen, gerade zur Rolle der WHO und China. Sowohl von der Regierung der USA, aber auch von Frankreich wird der WHO nämlich eine zu nahestehende Position zu China unterstellt. Und gerade deshalb hätte die WHO zum einen in China nichts gefunden, aber vor allem auch nicht gewarnt oder den Warnungen der Regierungen sich angeschlossen. Schaut man sich die Fakten an, kommt man zu einem gänzlich anderen Ergebnis. Die WHO ist eine unabhängige Organisation, die von Staaten, aber auch von privaten Spenden lebt. Gerade bei den privaten Spendern ist interessant zu wissen, das sich darunter auch Bill Gates befindet. Der nicht unwesentliche Summen an die WHO spendet. Ob er das in Zukunft noch machen wird, wird man bezweifeln können. Gerade jetzt nachdem klar ist, dass die WHO sich als unabhängig sieht und sich eben nicht, von Staaten oder von Privatpersonen vereinnahmen lässt. Letztlich ist die WHO ein weiteres Bauernopfer, unter anderem der USA, wenn von der Schuld für diese Infektion abgelenkt werden soll.

DIE FOLGEN DER BESCHRÄN-KUNGEN

Der von der Bundesregierung zwangsverordnete Stillstand, der als Shutdown bezeichnet wurde, ist nicht ohne Folgen geblieben. Steigende Arbeitslosenzahlen, Verringerung der Steuereinnahmen, Aufnahme von Schulden, um nur drei der Folgen zu nennen. Doch was viel gravierender ist, sind die Folgen die man nicht auf den ersten Blick erkennt. Sondern was sich zum Beispiel erst in der Zukunft zeigen wird, wie zum Beispiel die Zahlen zu den Selbstmorden oder zu den Insolvenzen. Sicherlich hat die Bundesregierung, aber auch die Landesregierung Hilfsprogramme beschlossen. Und sicherlich erwarten die Damen und Herren Politiker auch noch, das man dafür dankbar sein muss. Doch Dankbarkeit mag ich, gerade im Hinblick auf die vielen Zweifel nicht verspüren. Schließlich werden wir alle die Hilfen, hinterher mit steigenden Steuern wieder zurückzahlen dürfen. Letztlich sind es daher keine wirklichen Hilfen. Doch die angeblich gefährliche Infektion und die damit verbundenen Folgen, darf man nicht nur am Geld festmachen. Was passiert zum Beispiel in den vielen Familien? Wenn plötzlich rund um die Uhr und das über Wochen und Monate, Kinder, Väter und Mütter in der Wohnung oder im Haus sitzen müssen? In den Nachrichten konnte man in der Zeit von verschiedenen Familiendramen mit Todesfällen hören und lesen. Oder was ist mit den vielen Single-Haushalten in Deutschland, wenn Menschen plötzlich kaum noch Kontakt mit anderen Menschen haben? Hier ist es doch nur eine Frage der Zeit, bis man einen starken Anstieg an Erkrankungen wie Depressionen und dergleichen erkennen wird. Oder wer denkt an die Vielzahl an Selbstständigen, die plötzlich keine Existenzgrundlage mehr haben? Auch Staatshilfen sind hier keine Hilfe. Sie mögen beim Tragen der finanziellen Last, eine Hilfe sein. Doch wie sieht es in der Zukunft aus? Schließlich ist die Rücknahme oder Lockerung der Beschränkungen, kein Garant dafür, dass die Bevölkerung hinterher wieder mehr Leistungen in Anspruch nimmt. Zudem haben eine Vielzahl an Branchen, überhaupt gar keine Chance, den verlorenen Umsatz auch nur im Ansatz wieder aufholen zu können. Man denke hier an Taxifahrer oder an den Gaststättenbetreiber. Nur weil es Lockerungen bei den Beschränkungen gibt, werden die Menschen nicht plötzlich mehr Taxi fahren oder Essen gehen. Dementsprechend haben diese Selbstständige überhaupt gar keine Chance, den verlorenen Umsatz aufzuholen.

Und was hinsichtlich den Folgen auch vernachlässigt wird, sind die Menschen die sich auch ohne Infektion, schon am gesellschaftlichen Rand befinden. Man denke hier nur an die Prostituierte. Auch diese Damen und Herren in ihrem Gewerbe, werden Ausfälle nicht wieder aufholen können. Unabhängig davon, von den anderen möglichen Folgen wie Wohnungslosigkeit. Das an die sozialschwachen Menschen nicht gedacht wurde, zeigt sich auch bei den Obdachlosen oder bei Menschen, die zum Beispiel auf die Tafel angewiesen sind. Hier waren die Tafeln aufgrund der angeblich gefährlichen Infektion, lange Zeit geschlossen. Was beachtlich ist, schließlich ist eine wachsende Anzahl an Menschen in der Bevölkerung, auf kostengünstiges Essen von den Tafeln angewiesen. Wie sich diese Menschen in der ganzen Zeit versorgt haben, darüber mag man sich gar keine Gedanken machen. Und was ist eigentlich mit unseren Kindern? Wo wurde an diese, in dieser Infektions-Hysterie gedacht? Über Wochen keine Schule und Kindergarten, da stellt man sich schon die Frage, wie es um das Bildungsrecht der Kinder in Deutschland bestellt ist? Scheinbar scheint dieses Recht nur dann zu bestehen, wenn es der Politik gerade mal in den Kram passt. Dass das aber unverantwortlich ist, weil die Kinder in dieser Zeit um Bildungschancen beraubt werden, spielt in der Politik wohl keine große Rolle. Oder man denke an die vielen kranken Menschen in Deutschland. Gerade als die angeblich gefährliche Infektion sich in Deutschland breit machte, hat man die Krankenhäuser angewiesen, nur noch einen Notbetrieb zu gewährleisten. Verschiebbare Operationen sollten verschoben werden. Darunter zählten auch Krebs-Operationen, wie man vereinzelt in den Medien hörte und im Internet nachlesen konnte. Das kann einen schon sprachlos machen, schließlich handelt es sich bei Krebs um eine ernsthafte Krankheit, die man nicht mal so eben verschieben kann. Wie man hier Operationen verschieben kann, ist einem nicht erklärlich. Doch gerade in Sachen Gesundheit und der Infektion, gab es noch andere schwer wiegende Folgen. So haben Erhebungen der Krankenhausgesellschaft gezeigt, dass eine Vielzahl an Menschen mit Erkrankungen, die Krankenhäuser nicht mehr aufgesucht haben. Meist alleine schon aus der Angst heraus, man könnte in einem Krankenhaus an der Infektion erkranken. So gab es große Rückgänge bei der Anzahl der Menschen mit Herzinfarkt oder mit Schlaganfall in den Krankenhäusern. Das es tatsächlich weniger Fälle gegeben hat, kann man bezweifeln. Und das sind ernste Vorgänge, da sie im schlimmsten Fall mit dem Verlust von Menschenleben verbunden sein kann. Wo werden diese Opfer anhand von Zahlen der Bevölkerung präsentiert? Und das obwohl viele Krankenhäuser, über freie Kapazitäten verfügt. Was erstaunlich ist, hat doch die Politik stets von einer Überlastung gesprochen. Doch wie es um die Überlastung der Krankenhäuser bestellt ist, zeigt sich auch an einem anderen Fakt. So gab es hier

Krankenhäuser in Deutschland, die aufgrund der wenigen Arbeitsbelastung ihre Mitarbeiter in Kurzarbeit schicken mussten. Das soll man doch mal einem kranken Menschen erklären, der auf ein dringende medizinische Behandlung wartet!

Folgen über Folgen erzeugt hier nicht die angeblich gefährliche Infektion, sondern die Politik. Und schon heute wird man kein Hellseher sein müssen, um abschätzen zu können, dass hier die Bevölkerung noch lange mit den Folgen kämpfen muss. Werden diese Folgen bewusst verursacht? Man denke hier nur an Krankheiten, die aufgrund der Infektion nicht behandelt werden. Dementsprechend wird man damit rechnen müssen, das die Krankheiten schlimmer werden. Und dementsprechend ist hinterher auch der Aufwand größer, eine Erkrankung behandeln zu können. Und wem nützt das am Ende? Den betroffenen Menschen sicherlich nicht, aber den Superreichen den die Firmen mit den Medikamenten und den Pflegeprodukten gehören. Diese können nämlich dann mehr Medikamente verkaufen. Und nicht viel anders verhält es sich auch mit den anderen Folgen. Verpasste Bildungschancen der Kinder? Das werden die staatlichen Schulen nicht mehr aufholen können. Doch man wird sich keine Sorge darum machen müssen. Die Privatwirtschaft der Superreichen wird schon mit entsprechenden Apps, Lernportalen und dergleichen dafür sorgen, dass am Ende der dumme Bürger, für Bildung zahlen kann. Und die Superreichen noch mehr Kontrolle über die Bevölkerung kommt und sich die Taschen vollstecken kann.

FAZIT

Ob die neue Infektion gefährlich ist oder nicht, man weiß es nicht. Doch an den offiziellen Verlautbarungen kann man mittlerweile große Zweifel anmelden. Alleine schon weil es an nachprüfbaren Fakten und Beweisen fehlt. Dafür gibt es mehr Schätzungen aus der Glaskugel, als Fakten. Fakten die man wohl in vielen Bereichen gar nicht haben möchte. Die Bevölkerung stimmt in ihrer Mehrheit der Politik der Beschränkung von Freiheitsrechten zu. Und das obwohl die Bevölkerung in den letzten Jahren, schon genug Freiheitsrechte eingebüßt hat. Gerade bei der neuen Infektion kann man sich dem Eindruck nicht verschließen, als handele es sich hier um einen weiteren Baustein, wenn es darum geht, die Bürger zu überwachen und ihnen ihre Rechte zu nehmen. Wo soll das in Deutschland hinführen. Wird Deutschland in 10 Jahren noch das selbe Land sein, wie zuletzt? Oder leben wir dann in einem Land, wo die Kontrolle der Bürger den Alltag bestimmt? Noch gibt es Gegenwehr, von einzelnen Bürgern, aber auch von der Justiz. Doch wie lange noch eine Gegenwehr möglich ist, das ist fraglich. Gerade im Hinblick auf die neuen Schweinereien, wie einer angedachten Impfpflicht und den damit verbundenen Freiheitsrechten. Ich hoffe Ihnen als Leserin oder Leser, konnte ich die Widersprüche mit der neuen Infektion aufzeigen. Ob Sie mir alles hierbei glauben sollen? Nein, das erwarte ich auch nicht. Ich hoffe aber Ihre Neugierde geweckt zu haben. Überprüfen Sie meine Aussagen, verschaffen Sie sich einen eigenen Blick von der aktuellen Lage in Deutschland. Und das Abseits von den bekannten Medien. Werden Sie kritisch und glauben Sie nicht alles, sondern leisten Sie sich eine eigene Meinung. Gerade heute ist eine eigene Meinung, wichtiger den je. Wenn ich das bei Ihnen mit diesem Buch erreicht habe, sich eine eigene Meinung zu leisten, dann hat sich das dieses Buch schon gelohnt.

www.ingramcontent.com/pod-product-compliance
Lightning Source LLC
Chambersburg PA
CBHW051352150726
48000CB00003B/1148